그리움을 채우는 기억

김용옥 시집

그리움을 채우는 기억

도서출판 푸른숲

自敍

  해독할 수 없는 세상의 불가해함 앞에 무릎을 꿇고 살려달라고 막무가내로 그냥 매달렸다. 비명과 같은 와해와 혼동 속에서도 어딘가로 가고 있음은 내가 살아 있음인가.

  내 속에서 끊임없이 부추기던 목소리에 나를 허물고 낮추어 그 따스한 시선을 놓치지 않으려던 안간힘으로 세 번째 시집을 엮는다.

  누군가 가장 내밀한 수신자가 되어, 백 번쯤의 편지를 받게 되는 날, 죽음보다 평화로운 화해가 세상으로 가는 길목을 장애 없이 당당히 열어주리라.

1998년 정월
김용옥

차 례

1 모름지기, 속절없이

손을 처음 내밀었을 때 – 편지 16　11
이 세상의 독법으로 – 편지 11　12
너무 내성적으로 – 편지 15　14
모름지기, 속절없이 – 편지 12　16
마음의 빗금 – 편지 14　18
익명의 편지 – 편지 17　20
지하의 사랑을 꿈꾸며 – 편지 18　22
부강역 근처 – 편지 35　24
소풍가는 날 – 편지 29　26
별자리의 신화 – 편지 31　28
한 사람의 수신자 – 편지 19　30
다시 외향적으로 – 편지 20　32

2 외로움의 입자

침전물 – 편지 24　35
견고한 얼음의 가시 – 편지 21　36
겨울 잠행(潛行) – 편지 22　38
또다시 무창포에서 – 편지 23　40
미늘 – 편지 25　42
여옥(麗玉)의 노래 – 편지 26　44
YELLOW HOUSE – 편지 27　46
만신을 찾아갑니다 – 편지 30　48
음성 메시지 – 편지 32　50
비 오는 날 – 편지 33　52
사진 찍기 – 편지 34　54

3 그는 끝내 오지 않았다

비를 바라본다 – 편지 40　57
ID 사랑 – 편지 13　58
비를 버린다 – 편지 36　60
징소리 – 편지 37　62

비 오는 날의 꿈 - 편지 38   64
엉겅퀴 - 편지 39   66
진도 홍주(紅酒) - 편지 28   68
부여 가는 길 - 편지 41   70
의자를 갖겠습니다 - 편지 42   72
신흥 도시 - 편지 43   74
독백 - 편지 44   75
인공의 눈물 - 편지 45   76

4 세상으로 내려가는 길

어깨가 가볍다   79
조그셔틀 식으로   80
수동적인 사랑을 꿈꾸는 이   82
나비 채집   84
추억의 울먹임으로   86
지나간 시집   88
한라산 가을 안개   90
카프카의 연인 - 밀레나   92
영목에서   94
서쪽 포구에서   96
밤, 도서관   98
비 탓인가   100
어느 겨울 기호   102
안테나가 망가졌다   104

5 차갑고도 따스한 기억

풀꽃을 위하여   107
차갑고도 따스한 기억   108
정신의 기울기   110
지등(紙燈) 아래   112
운주사 미륵   114
스무 살의 여행   116
게으른 독백   118
우리 읍내 - 화순이   119
산욕 일기   120
성산포에 가면   122
목책에 기대어   124
직지사의 봄   126

■ 해설/김용범   129

1
모름지기, 속절없이

혼자서 이야기를 합니다

어제 내내 그리웠노라고

보고 싶어서 일어난 새벽에

눈이 왔노라고

-모름지기, 속절없이

손을 처음 내밀었을 때
—편지 16

우린 너무 늦게 만났어요

바람이 옷깃에 스쳐갈 때도
더러 있었는데
바닷가에서 미친 척 불러보는 곡조 속에도
그대가 있었는데
나의 그늘이 가려줄 수 없는 거리 때문에
언제나 먼 발치에서만
서로를 바라보고 있었지요

그가 처음 손을 내밀었을 때 웃었지요
언제나 장난처럼 그저 던지는 웃음이라고,
그가 저물 녘에 손을 내밀었을 때
누구에게나 주는 손길이라고
뿌리쳐버렸지요

완곡한 사랑의 기교
나는 이제 부둥켜안고 놓지 않을 거예요
지문보다 아프게 그의 앞에서 쓰러져버릴 거예요

이 세상의 독법으로
— 편지 11

눈이 그치고, 바람이 불고
텅 빈 밤 10시의 역사 앞에서
이별을 합니다

한 남자를 사랑하고,
막다른 겨울 한 끝에서
내내 무거웠던 마음이
조금 밝아지고
그 밝음의 배면으로
맑아오는 찬 하늘에
아주 가늘게 떠 있는 초승달이
발전소 연기에 가려
흐려 보인 것은
눈물 때문이 아닙니다

일찍 불을 끈 집 앞에서
규격화되지 못한 사랑을
이 세상의 독법으로 읽어내야 하는
살얼음진 빙판 길을
맨발로 돌아옵니다

그대여,
혼자 있음을 스스로 알게 된 것을
사람들은 사랑이라고 부른다*

새벽에 일찍 눈 떠
난폭한 그리움으로 이끌리는
외로운 한기 속에서
다시 가득 휜 눈을
낮은 발치에 내리게 하고

달려가,
빈 들판에서 함께 쓰러지는 법을
이제 내가
눈보라로 거칠게 보여주리라

---

* '혼자 있음을 스스로 알게 된 것을 사람들은 사랑이라고 부른다'
  황동규 시 인용

너무 내성적으로
— 편지 15

한 남자를 사랑합니다

웃을 때면 섬세하게 입꼬리가 올라가는 남자
작은 보조개가 입가에 떠오는 남자
사유의 그늘을 가지고 있는 남자
비틀스를 자신의 발성으로 즐겨 부를 줄 아는 남자
지나간 수첩 갈피에
전방의 들꽃을 아직도 간직하고 있는 남자
바람처럼 자유롭게 떠다니는 남자
늘 좌중을 압도하는 남자
술을 마시면 술보다 투명하게 다감해지는 남자
손을 내밀면 누구라도 따스한 어깨를
기댈 수 있게 하는 남자
혼자 있을 때면 아주 조그맣게 작아져서
슬퍼 보이는 남자
아무도 가질 수 없는 영혼을 가진
한 남자를 혼자서 사랑합니다

그러나 가끔은 아주 먼 발치에서 외롭게 만드는 남자
영원히 혼자만 가질 수 없는 남자를

장미 가시에 찔린 고통으로 사랑합니다

모름지기, 속절없이
— 편지 12

혼자 이야기를 합니다
어제 내내 그리웠노라고
보고 싶어서 일어난 새벽에
눈이 왔노라고

또 단정하게 넥타이를 맨 아침,
가까이 할 수 없는 먼 발치에서
나는 '모름지기'라고
속으로 되뇌입니다
아, '모름지기 우리는 건전한 시민으로서…… 합니다'
'모름지기'의 각도가 꺾이는 모서리에서
그만 어깨가 부딪치고
부딪침의 통증 때문에
눈을 감고 맙니다

갈 수 없는 길을
구태여 갈 수밖에 없음을
거울의 뒷면을 들여다보며
확인하는 허망함을
길이라 부를 수 있나요

매일의 아침은
간밤의 숙취보다 고통스러운 뒤척임이지만,
꼿꼿한 오기로
긴 복도의 금 위를
또박또박 걸어가며
마음의 금을 얼마나 지우고 싶었는지요

이제 보내드리지요
내 마음에 써둔
편지의 미농지 위에
속절없이……라고만
그렇게 다시 써봅니다

마음의 빗금
— 편지 14

사무적인 인사를 건네고
단정한 모습으로 악수를 나누는
그런 아침에서 비껴갈 수 있다면

메마른 바람 가득한 길을 달리면서
마음의 빗금이 자꾸 기우는 위험한 수위로
그가 거느린 서늘한 그림자에
자꾸 발목이 잡히는
어지러운 가을이 오고 있습니다

그가 내게 건너옵니다만
예전처럼 웃을 수가 없어요
그의 언저리가 너무 예민해서
자꾸 다치는 시간의 한복판으로
떠미는 몰입의 시간을
견딜 수가 없어요

건너오지 말고 거기 있어요
먼 발치에서 손을 흔들며
조금 웃으며 헤어지는

그런 세상에서 만났으니
거리가 이해하는 방식으로
그를 보내야지요

살아가는 괴로움이
투명한 슬픔으로
자꾸 건너오는 가을의 공터에서
떠밀리는 나는
이제 어디로 가야 합니까

익명의 편지
― 편지 17

아, 하고 소릴 질러봅니다
가슴이 아파서
X – 레이를 찍었는데
아무것도 잡히지 않고
밥도 먹을 수가 없어요

아름다운 가을 수북이 젖은 채
드러누워 있을 때에도
우리는 웃으며 비껴갑니다

투명한 술로
점점 투명하게 비어가는 그 곁에
앉아 있을 수가 없어요

마구 무너져, 나를 버릴 것 같은
위태로운 흔들림을
혼자 견디는 밤을 지내고 나서
가장 단정한 필체로
사랑합니다라고
익명의 편지를 쓰는,

이 단순한 치열함으로

아침이면 웃으며
악수를 나누는 참담한 사랑을
더는 견딜 수가 없어요

지하의 사랑을 꿈꾸며
— 편지 18

오늘도 술을 마신다

비틀거리는 마음의 기미를
그에게 보이고 싶지 않아
미친 척 질러보는 노래방의 밀실에서
컴컴한 지하의 사랑을
꿈꾸는 허망한 시간이 가는 동안,

해결할 수도 없는
가장 낮은 아픔의 물소리로
자꾸만 젖어가는 실금 같은 초겨울 비

겨울이 오면
내가 얼어서 추운 한기의 새벽,
제일 먼저 눈 뜨는 고통스러운 아침
설핏한 어둠 속에
그가 물끄러미 서서
찬 손으로 내 이마를 짚고 있다

서로 아무 말도 건네지 않는

공백의 나날이 지나고
스산한 바람의 파고가
밤마다 잠 속에서 높아간다

부강역 근처
—편지 35

빠르게 지나가는
과수원 2부 능선이
복사꽃 무더기로
화안히 밝아지는 봄날,
그대 어깨에 기대어
무릉도원의 꿈을 꾸는
짧은 여정의
부강역 근처

철로변에서 무심히 마르고 있는
빨래의 순종 앞에
모서리를 지워버린 내가
가장 낮은 키로
그대 흔들림을 지켜봅니다

그대가 꾸는 곤한 잠 속에
나는 평화롭게 빨래가 마르는
여염집 뜨락을 옮겨놓습니다

산벚꽃 벙그는 바깥채에는

꽃 모종 옮기던
아픈 허리를 펴는
살가운 봄나절이
흐드러집니다

침목 위에서 기차가 흔들릴 때마다
조금씩 세상 밖으로 어긋나는
우리 꿈의 이마를
봄 초승달이 물끄러미 따라와
가만히 만져주는,
따스한 봄밤의 동행

어두운 울먹임 속에
그대가 다가왔던 어느 날처럼
오늘은 내가 그대 안에
환한 등촉을 오래 밝히고
기다립니다

소풍가는 날
― 편지 29

장마루, 눌노리 지나
임진강 가로 소풍을 갑니다

용주골 아가씨마저 떠나버린
텅 빈 외인군 주둔지의 황폐함을
앞에 두고
봄 미나리
싱그러운 사랑을 나누러
함께 떠나는 암실(暗室) 속의
사랑을 해보았나요

봄 햇살이 너무 눈부셔
찡그린 채로 금지된 사랑을 가리고
풋풋한 미나리 향기를 맡으러 떠나 온
봄 신명 지핀 강둑에서
넘치는 바람기를 나눠보았나요

시계 바늘이 가다
게으르게 멈춰버리고
은빛 순환 열차가

어쩌다 경적을 울리며 떠나는 행선지에서

봄 한나절 팔베개하고 누워
미나리 연한 속살의
연두빛 하늘을 함께 본 적이 있나요

별자리의 신화
―편지 31

비트가 강한 노래를
차 안에 가득 흘린다

잊고 싶어요
느슨한 테이프를 되돌려
숨막히는 사랑을 하고 싶어요

너무 짧아서
눈물이 자꾸 나는
이 생명의 눈부심을
전부 나누고 싶어요

놓칠 수 없어요
신화의 힘으로
수많은 별자리의 신화를
가르쳐드리지요

가능한 허구도 있어요
천상에서 지상으로
넘나들던 신들의 이야기

꿈꾸어 왔던
그런 세상에서

어릿광대 같은 사랑을
이제 다시 시작해요

한 사람의 수신자
― 편지 19

나는 너무 좋은 수신자를 만났어요

한동안 말을 건네도
아무도 내 말을 들어주지 않는 세상에서
내 독백까지를 들어줄 수 있는
오직 한 사람의 수신자를 만났어요

우리는 눈빛으로 수신을 합니다
어제의 상처 때문에 어두웠던 그늘을
백주의 대낮에 들춰보이며
웃을 수 있는 비밀스런 은신처를 보일 수 있는
친절한 채널을 가지게 되었어요

감추어둔 틀 속에서
늘 뛰쳐나가고 싶었던 자유로움으로
나를 해체합니다

나를 가지세요
바람처럼 놓여나
어긋난 세상의 비틀거림을 전부 껴안고

힘들어하는 나의 단단한 고통을 가지세요

고통의 신음까지를 들어줄 수 있는
나의 단 한 사람 수신자에게
오늘 밤 온몸으로 가겠습니다

다시 외향적으로
―편지 20

한 남자를 사랑합니다

한겨울에 샌드백을 걸어놓고
밤새 두들기며 봄을 기다리는 남자
누구나 침묵하는 세상에 소리칠 수 있는 남자
혼자서 누구라도 상대할 수 있는 남자
술이 취해도 쓰러지지 않고 맑아지는 남자
다문 입매로 말없이 앉아 있는 남자
담배를 피울 때의 그늘을 가진 남자
푸른 연기처럼 투명하고 아픈 공기로 에워쌓여 있는 남자

그가 또 한 개비를 피울 때마다
뜨겁게 화인(火印)이 찍히는 숨막히는 사랑으로
한 남자를 사랑합니다

2

외로움의 입자

그대에게 기우는 내 마음의 기미를
낮 술에 취해서
억지처럼 감추고 싶었음을,
그렇게 무모한 사랑의 방식을,

그대여,
겨울 바다가 거기 있듯이
그냥 버려두세요
-겨울 잠행(簪行)

침전물
— 편지 24

마음에 깊이 가라앉았던 침전물,
햇빛에 비춰보았나요

시간의 앙금 속에서
유리 구슬을 꺼낼 때마다
둥글게 말리는 겨울 바다의 푸른 한기,
대금 불며 서걱대는 소쇄원 대숲 소리
월출산 도갑사 절 마당에 일렁이던 어스름 달빛,
화원 반도 겨울 파밭 사이에 솟아오른
서너 기의 이름 없는 무덤들

머릿속이 오염 수치로 흐려 무거울 때마다
꺼내 흔들면 함께 맑아지는
투명한 슬픔의 침전물, 가져보았나요

오늘은 내가 그대의 침전물이 되겠어요
흰 맨발로 그대 속에 걸어 들어가
무거운 머리를 맑은 요령소리로 채우며
무장 해제시키는 농염한 빛이 되겠어요

견고한 얼음의 가시
— 편지 21

음력 보름달이 밝은 자정의 시간에
우리는 사랑을 합니다

세상과 격리된
추운 차 안에서
영하의 사랑으로 손을 잡아봅니다
차가운 손 끝으로 만져보는 얼굴의 윤곽이
푸른 그늘 속에
슬프게 인각되는 섬 같은 사랑은
세상의 바다에서
위태롭게 정박합니다

부서져버린 노마저 놓쳐버리고
우리를 비끄러맬 닻도 없이
달빛에 취한 채 표류하는 우리 사랑은
너무 차가워서 만져본 가슴에서
견고한 얼음의 가시가 만져졌습니다

절망의 끝을 부둥켜안고 떠가는
달빛의 기류 속으로

우리가 만든
얼음의 집 한 채가
우리를 꽁꽁 얼려서
아무도 해체할 수 없는
완전한 사랑을 꿈꾸어봅니다

세상의 불빛이 낮아지는 한밤,
우리는 아무도 나누어줄 수 없는 낮은 체온으로
마지막 겨울을
무섭게 견디는 고립된 사랑으로
세상의 바다 위에서 난파됩니다

겨울 잠행(潛行)
— 편지 22

바다로의 잠행은
결국은 끝이 났군요

장승포 밤바다에는
흰 등대와 빨간 등대 한 채씩이
방파제 끝에서
서로를 그리워하고 있었습니다

위험 수위의 사랑을 꿈꾸는
매일의 잠 속에서
그대 손을 잡고
물 속으로 걸어들어 갑니다

흔들리는 물살에
우리 어지러운 꿈이 모두 젖어
깊고 아늑한 물의 중심에서
목선(木船)의 눈부신 돛을 올리고 있었습니다

허망히 눈 뜬 새벽,
장승포 앞 바다는

간밤 뒤척임을 아프게 이겨내며
불 꺼진 등대 아래서
푸르게 웅크려
울음을 참아내고 있었습니다

한없는 이끌림으로 인해
더욱 혼자임을 눈물나게 하는 이 아침,
그대에게 기우는 내 마음의 기미를
낮 술에 취해서
억지처럼 감추고 싶었음을,
그렇게 무모한 사랑의 방식을,

그대여,
겨울 바다가 거기 있듯이
그냥 버려두세요

또다시 무창포에서
― 편지 23

석화(石花)구이를 먹고
빨간 등대가 오래 기다리는
겨울 무창포의 방파제를 걸어보았나요

물이 들어오는 오후 3시,
방파제만 남겨놓고 들어온 물길 위
예쁜 등대 아래서
지표 없는 사랑을 해보았나요

오늘은 또다시
방파제에서 연을 날립니다
북서풍을 타고 높이 떠올라 간
가오리 연이 눈부셔
자꾸만 놓쳐버리는 얼레 끝으로
바람의 팽팽한 대결을 느껴보았나요

나를 모두 놓아버립니다
곤두박질치는 사랑의 단애 앞에서
연줄을 끊어버리듯
세상과의 관계를 끊어버리고

새벽에 함께 눈뜨는
기다림을 가져보았나요

미늘
— 편지 25

그대가 발랑 저수지 폭우 속에서
잡아올린 모래무지의 꿈이
꽝꽝 얼어서 누워 있는 얼음장 위에
자꾸 떠미는 목마름으로
해가 기울어갑니다

저녁 이내
서늘히 가라앉은 비암리,
조금씩 눈뜨는 농가의 불빛이
모래무지의 고통보다
선연하게 점점이 스쳐갈 때,

그대여, 유예된 사랑을 위해
검불 밟으며 덤불 속에서 나누는 추운 사랑을
내민 손의 근골 사이로만 만져보는
사랑의 거리를 이제 거두어요

따스한 햇빛 속에서도
그대를 힘껏 껴안는 당당함으로
이제 내 안의 거리를 거두고

그대의 탄탄한 가슴이 되겠습니다

여옥(麗玉)의 노래
― 편지 26

임진강 가에서 꽝꽝 얼은
얼음장 위를 아슬히 걸어봅니다

둔중한 깨어짐,
무모한 사랑으로
깊고 푸른 강으로 걸어 들어가는
백수광부의 꿈으로
겨울 밤이 어지럽습니다

한밤중 얼음 깨어지는 소리에
문득 깨어나
어둠 속에 떠오르는
그대 눈 언저리가 너무 슬퍼서
검은 물빛으로 내가 걸어 들어갑니다

그대 어깨에 머리를 기대고 흔들리는 밤,
겨울 철새 몇 마리 전경에서 떠오르고
배면으로 헐벗은 나뭇가지가 노을로 비껴가는 강둑에서

슬픔의 결을 다스릴 수 없는 막막함으로
스러지는 일몰(日沒)의 시간
내 잠시 그대를 빠져나와
혼자 무작정 강둑을 뛰쳐 달리다
차디찬 강물을 베개삼아
흔적 없는 물살로 떠납니다

함께 다다를 수 없는 강안 너머로
저녁 갈대 무심히 흔들리면
물가에 혼자 나앉아
생각이 깊은 그대 발치에서
찰랑이는 물소리로 함께 깊어집니다

어느 겨울 새벽녘,
그대의 잠을 쩌엉 쩡 울리는
결연한 얼음소리 들리거든
독(毒)으로 절망을 이겨내는
인고의 시간이었다고
뒤척임 속에서 기억해주세요

YELLOW HOUSE
―편지 27

그대가 차 안에서 보여준
반 고흐의 〈yellow house〉
프러시안 블루 밑에
샛노란 집 한 채
옐로 하우스는
인천에도 있다구요
킥킥 웃다가 문득 함께 바라본 하늘이
바로 프러시안 블루

새하얀 금을 그으며
길게 가로지른 비행운 떠 있는
직지사 대웅전 처마 끝에서
갑자기 마음이 환해져
그늘을 밝힐 샛노란 산수유
한 그루 심어두었지요

노란색 문을 밀고 들어가
작은 들창으로 티끌 없는 하늘을 쳐다보는
평화로운 사랑을
공모(共謀)하러 떠난 겨울 산사

일주문 밖을 나서는데 앞을 가로막는
일체유심조(一切唯心造)의 경구

반 고흐의 옐로 하우스 앞에
산수유 꽃망울 터지는 봄날이 올 때면,
봄비 속에 다시 와
보랏빛 문창살 꽃문양 사이로
발정난 들고양이 울음이
봄을 재촉하는 뜨락에서
차를 달이는 여적(餘滴)의 시간을 보내자고

속절없이 삼배(三拜)를 올리는
무지한 사랑을 부처님이 내려다보시는
대웅전 계단이 기우뚱 기울어지는
경사 앞에서,

그대여, 우리의 yellow house는
언제 그 문을 열어줄까요

만신을 찾아갑니다
— 편지 30

대흥동 후미진 뒷골목이거나
미아리 마루턱 아래로
점을 치러 갑니다

속절없는 사랑으로 헝클어지고
허물어진 속내를 풀 길 없어
굿판에서 공수 한마디,
비수처럼 꽂히는
마지막 결전의 마당으로
손을 잡고 걸어들어 갑니다

두 눈을 가린 술래의
방향 없는 두려움을 잡아달라고,
그대가 돌려버린
운명의 지침에 생인손 앓는
가시 울타리 거둬달라고,
내림대 붙잡은 두 손이라도 부여잡고 싶은
캄캄한 어둠 속으로 뛰어듭니다

어둠 속에서 인화된

사랑의 근골이
거미줄처럼 얽혀 있어
떼어놓을 수 없는 명줄 끝에
가까스로 만난 사랑을
버리지 말라고

입춘 지난 어느 봄밤,
술에 취해 비틀거리며
울음 끝에 만신을 찾아갑니다
그 뒤로 남은 추위도 따라갑니다

음성 메시지
— 편지 32

간밤에 술이 취해
눈뜨니 오리역,
텅 빈 자정의 지하철에서
그대는 음성 메시지를 남깁니다

우리가 탈출할 비상 계단도 없이
매일 8요일을 꿈꾸다
행선지를 자꾸 놓쳐버리고
방향을 잃어버린
그대는
추운 역 구내 전화 부스에서
타전을 합니다

— 타기만 하면 종점입니다
  갈 길이 너무 멀고 힘듭니다

목소리에서 묻어나는 물기로
'섬' 하고 써보다 지우는
찬 유리창에 잠시 아픈 이마를 얹고

그대의 비틀거림 곁에
피가 증발해버린
창백한 그늘로
나는 그대를 아프게 껴안아봅니다

비 오는 날
—편지 33

18층의 사무실 창으로
가득 서린 비안개 속에
슬픈 빗방울이 거꾸로 올라가고 있다

— 육체의 껍질을 벗고
　자유롭고 싶다

11층에서 투신자살한
의대생의 유서를
전광판으로 읽으며
내 마음이 빗물을 타고
창문에서 흘러내린다

늘 수직낙하를 꿈꾸는
위험한 우리의 관계가
불안하게 흔들리는
끝 모를 절망의 고도 앞에서

추락의 어지러움에
시달리던 내가

오늘은 비바람을 거슬러
내 안에서 그대를 쓰러뜨려
빗속에서
허물고 있다

사진 찍기
―편지 34

이제는 떠나온 빈 운동장
돌계단에 앉아서
일요일 오후를 즐기는
농구대 앞의 아이들을 봅니다

안으로 타드는 외로움의 입자들이
순전히 그대 때문에
텅 빈 일상을 가로질러
젖은 물기로
운동장 평면을 굴절시킵니다

놀이에 몰두하는 아이들이
그늘 한 점 없는 피사체로 들어오는
봄 한나절

이쪽에 혼자 나앉은 나만
타는 외로움에 기울어져
가장 흐린 날의 바람으로
그대 인화지 안에 찍혀집니다

3

그는 끝내 오지 않는다

> 나는 더 이상
> 사랑의 상처 따위로
> 잠 못 드는 밤을
> 보내지는 않겠어요
> -ID 사랑

비를 바라본다
— 편지 40

조금 가라앉는다
실내등도 끄고
차 안에 오래 앉아
빗속에 꺾어지는
겨울 단풍나무를 바라본다

아까까지 내내 흔들리던
마음의 가지에서
그를 꺾어버리고 나니
텅 비었던 한 쪽으로
빗물이 스며든다

조금 비켜갈 수 있다면
다시 평온한 잠을
잘 수 있겠지

비에 젖어서
윤곽이 지워진 상처가 아물면
차 안에서라도
잠을 자두어야지

ID 사랑
―편지 13

PC 통신 해보셨나요
익명으로 올리는 사랑의 메시지
슬쩍 한번 올려보셨나요

나도 그대를 사랑합니다
존재의 가벼움으로 나부끼듯
쉽게 지워졌다 다시금 재생되는
사랑의 감정은 그렇게 연속적입니다

당신만을……이라는
사랑의 감옥 속에 그대를 그냥 놔둔 채로
자판 위에서 사랑의 게임을 즐깁니다

조금 가까이 가면
뒤로 몇 발짝 물러서는
진짜가 가짜가 되는
그림자의 투사 속에는
내가 빌려온 ID 숫자가
사랑을 합니다

누구나 들어오시지요
들춰보기도 하고 훔쳐볼 수도 있는
문구멍 사랑의 스릴로
용서되지 않았던 사랑도 놓아주세요

차가운 매체의
뜨거운 사랑으로
달구어진 모니터 위로
상상 속의 그대는
더 관능적인 포즈로
사랑을 즐기고

나는 더 이상
사랑의 상처 따위로
잠 못 드는 밤을
보내지는 않겠어요

비를 버린다
─편지 36

빗속을 걸어가는 신발
우리 식품 앞에서
잠시 비를 피하는 신발
빗물이 흘러내리는 경사 앞에서
속까지 젖어서 발목을 기어오르는 한기

메종(maison)이라는 찻집에서
집을 갖지 못하고
집을 허무는 물
서성임으로 무거워지는 비

도심의 마른 풀들이
처마 밑에서
낮은 키로 떨며
생각의 틈을 건너오는 사이로
점점 어두워지는 빗줄기

젖어서 무거워진 신발을 끌고
알 수 없는 어둠에 끌려가며
불길한 상상에 던져지는 기다림

노란 장미꽃 송이
빗길에 버려지고
셔터를 내린 상점 앞에서
그는 끝내 오지 않는다

징소리
― 편지 37

쨍과리소리
징소리 방죽을 돌아
열나흘 달이
저수지 둑에 걸린 저녁 어스름

소국주에 취해
한데 어울린 차일 마당에서
그대가 치는 징소리
깊은 그늘의 수면 속으로
손목을 잡아끕니다

캄캄한 절벽 앞에서
살아 있다고
살아 있다고
신열을 풀어내리는
징소리의 중심에
휘청거리는 나를 던집니다

비틀거리는 그대도
넘어지고

쑥부쟁이 밭에 달빛도 눕힙니다

비 오는 날의 꿈
— 편지 38

오월 하순,
연 사흘 내린 비에
당신의 나팔꽃 줄기,
어디쯤 올라가고 있나요

먼 산등성을 넘어가는
느릿한 구름 그림자 드리운
빗물 찰랑이는 앞벌 무논에
보랏빛 비안개 피어오르고,

추녀 끝 낙숫물 소리 베개 삼아
당신과 함께 꾸는 단잠 속으로
피안의 강나루 건너가는
노 젓는 소리 한데 어우러지고

당신의 낮고 고른 숨소리 곁에
평화로운 도피안사의
풍경소리까지 데려옵니다

당신이 힘겨움에 뒤척일 때마다

정갈한 인조견 홑이불 여며주며
모로 누운 아픈 어깨를 함께 기대보는
노곤한 꿈 속으로
오늘은 비가 내립니다

엉겅퀴
— 편지 39

당신이 그린 붉은 엉겅퀴
개방산 1500 고도에서
더 붉은 꽃술로
벌들을 부르고 있습니다

밤꽃 내 가득한 강가를 달려
푸릇한 어스름 냇가에서
모래무지, 기름챙이
엎드린 잠 곁에 갑니다

임진강 가의 들꽃,
나팔꽃 여린 덩굴을 올려주던
섬세한 손으로
내 손목 잡고
당신은 어둔 들길을 갑니다

별도 달도 없는
감자꽃 피는 낯선 산골짜기 어귀,
비로소 눈물 닦고
마주앉은

우리 동행의 하룻밤은

미열에 들뜬 그리움으로
물살이 더 깊어져
캄캄한 그믐밤에
우리가 세상 밖에
벗어두고 온 신발이
아주 낯선 문 앞에
나란히 놓여 있습니다

진도 홍주(紅酒)
— 편지 28

영산강 하구 둑을 달리고
금호 방조제를 달려
가 닿은 진도의 겨울
배추밭 파밭이 서로 엇갈려
시퍼렇게 이어지는 등성이 너머로
다가왔다 멀어지는
해안선과 흐린 공제선(空除線)에 걸린
낮은 잡목림

빨간 등대
여느 바다처럼 떠 있는 서망의 늦은 오후
진돗개 순하게 꼬리를 흔들며
길손을 따라오는 바닷가에서
홍주(紅酒) 한 잔의 낮술에 취해서

그만 내가 놓쳐버린
일상의 얼레 끝에서
위태롭게 흔들리는
여정의 마지막 밤

섬으로 스며들어
흔적을 지워버린
유배된 사랑을 꿈꾸어봅니다

부여 가는 길
— 편지 41

차령 고개를 넘어
우금치까지
껍데기는 가라 했는데
껍데기만 남아 금강으로 간다

개정한 노동법으로
전국이 파업에 들어간 아침,
집안에 파업 선고를 하고
부여로 가는 나는
아무에게도 나누어줄 것이 없는
텅 빈 껍데기가
오히려 가볍다

전봉준이, 신동엽이 넘었던
차령에서 우금치 고개를
지나는 동안
금강의 모래톱에는
긴 갈래 머리 어린 소녀가
동무와 깔깔거리는 물살에
발을 첨벙대고 있었다

시간의 굴대를 되돌려 온 내 앞에
금강은 목소리를 낮추며
느리게 가라고
알맹이를 빼앗긴 내 등을
겨울 강둑으로
떠다밀고 있었다

의자를 갖겠습니다
—편지 42

창가에 의자를 가져다 놓겠습니다

노선 버스들이
고유한 자신의 번호로 달리는
오후 다섯시의 창 밖으로
유모차를 끌고 가는
삐삐를 차고 가는,
배낭을 걸머진
행인들이
어딘가로 자꾸 떠납니다

혼자 앉을 수 있는
흰 색의 캔버스 천 의자
하나를 갖고 싶습니다

고리를 끊고
바람이 떠나는 저물 녘에
의자 하나의 고요함으로
세상의 소리를 비껴가는
창 이쪽에 앉아 있겠습니다

누군가
의자를 치우고 나면
그때 빈 그림자로
남은 이의 그리움을 채우는
기억이 되겠지요

신흥 도시
— 편지 43

번쩍이는 네온 불빛 아래
황폐하게 벗겨진 사랑을 확인하고
무서운 탐닉의 끝으로 가기 전에
사랑의 완결편을 먼저 써둔다

어둠 속에서 소리를 지르며
꾸는 악몽이 지난 뒤,
이마에 손을 얹고
웅크린 잠에 빠진
외로움 곁에서
안도와 불안을 함께 거느린
잠이 힘겨워서
아무데나 누워버리고 싶다

절박한 사랑의 흐느낌을
멜로물로 각색해버린
신흥 도시의 불빛 아래서,
나의 사랑도 불빛의 그물에
무릎이 꺾어지고
신음도 없이 살을 섞어버린다

독백
— 편지 44

독백을 하며
자꾸 쏠리는 마음을 단속하고
내가 내게
연민의 답장을 쓴다

차마 쓸 수 없었던
봉투 속에는
가슴을 썰어넣는다

가까이 갈 수 없는
안타까움이
노랗게 질린 추위의 하늘에
걸려 있고

더 단순하게 비워져가는
겨울의 한복판에서
오지 않는 그를 위해
마지막 한 줄은 비워놓는다

인공의 눈물
― 편지 45

이제는 잘 웃을 수가 없다

눈물도 웃음도 동이 나버려
인공의 눈물 몇 방울 떨어뜨려야
거짓말처럼 세상이 환히 보인다

통로가 너무 어두워
더듬거리는 손 끝에서는
아무것도 만져지지 않고
어둠 속에 더 어두운 채로
더 어두운 바깥을 바라본다

얼마큼 떨어져 바라보던
아름다움의 거리마저
마음에서 거둬버리면

논쟁의 골칫거리로
시끄러운 저쪽으로도
아주 냉담하게 비켜서
나를 버릴 수 있다

4

세상으로 내려가는 길

내가 또 잠시 머물렀다

떠나고 나면

헤어짐 뒤의 막막한 심연이

깊은 망각의 늪 속에서

어느 날 갑자기

한숨으로 기억되겠지

—어느 겨울 기호

어깨가 가볍다

어깨가 가볍다
어깨가 굽었다
어깨를 기댄다
어깨를 누인다
어깨끼리 부딪친다
웬 어깨가
시에 그리 많아,

어깨를 지우고
어깨를 내리고
어깨로 스러져
어깨의 짐도 버리고
그냥 쓰러진다

아아,
이제야 어깨가 가볍다
짐 지울 아픔도 버린다
그냥 궁핍함으로
혼자가 된다

조그셔틀 식으로

매일의 선잠 속에서
조그셔틀의 내 꿈은
그의 모습을 재생합니다

다 지워버리고
유난히 그리운 날의 기억만
따로 떼어낸 그림자와 소리 속에서
그는 날마다
새롭게 떠오릅니다

가득 실려오는 그의 무게를
혼자 가져오는 시간 동안
목련꽃 모두 허망히 지고
모로 누운 내 잠은
어깨가 기웁니다

늦잠 속으로
천천히 해가 떠오르고
간 곳이 없는 그의 자리에
가득 떨어진 목련 흰 송이

색이 바래어 갑니다

수동적인 사랑을 꿈꾸는 이

아직 한 번도
전화번호를 기억하며
다이얼을 돌린 적이 없다

전화번호를 몇 번씩이나 확인하고도
늘 서투른 전화 부스 안에서
밀폐된 그의 목소리를
건져올린다는 것은 당혹스럽다

비밀스런 마음 한 자락
손 끝에서 누르며
내심 통화중이길 바라는
발신음 속에 그는 없다

지금은 외출중……
용건을 말씀하면……

언제나 일방통행인
우리의 사이를
다시 확인하고

끊어버린다

자동화 시대에
아직 수동적인 사랑을
꿈꾸는 나는
전화번호를 구겨버리고
부스를 나온다

차가운 빗방울 떨어지는
거리 밖에서
차라리 그가 돌아오길
밤새 기다리기로 한다

나비 채집

은박지로 구겨진
시간의 모형 속에
나는 완전한 표본이 되어
압지에 꽂혀 있다

모래알 조금씩 흘러 들어와
축축한 생각의 바다를 메워버리고
바싹 마른 관념의 숲에는 부서진 날개만
흉흉한 바람이 된다

메마른 벌판의 찌는 무더위와
서늘한 아침 풀섶에
가는 촉각을 얹고,
이상한 떨림으로
내내 가슴 졸이던
황홀한 몰입

날개의 금색 분
온통 손 끝에 묻히며
여린 파닥거림,

끝내 참지 못하여
찢어진 날개 한 쪽으로
뒤뚱거리는 푸른 시간만
온통 너에게로 가고 있다

추억의 울먹임으로

밀폐된 아싸 노래방에서
나의 18번은 언제나
흘러간 뽕짝이다

간이 주점에서
레몬 소주로
혈중 농도를 높이고 나면
내 목이 그제야 헐거워진다

백조도 아니면서
백조처럼 늘 우아한
깃털을 고집해야 하는
미운 오리의 뒤숭숭한 속내를
아으아으 풀어내는
서툰 화면으로
아슬아슬 벗겨진
세상이 흘러가고

혼자 휘청거리는 유월의 밤,
추억의 울먹임으로

지친 아카시아꽃 향내 떠나보내며
건조한 봄밤을
그냥 견디고 있다

지나간 시집

아무도 안 읽는
지난 시집을
어쩌다 꺼내 읽고 싶어지는 밤

전화기
컴퓨터
서울 1보 8455의
등 뒤에서 조금 비치다 마는
사막
편지
비의 여린 불빛은
익명의 시간에
그냥 떠밀려가 섬이 된다

무명 연시를 마구 써대고
식어버린 허무의 몸짓으로
나는 차갑게 굳어진 시들의
어깨를 부여잡는다

깨어나십시오

깨어나십시오

상투적인 패러디의 그늘에
쪼그린 채 왈칵왈칵 토해내는
진저리 속에서
나는 시의 가시를 체념의 등뼈 위에
힘껏 꽂으며

시집의 마지막 장을
덮어버리고
긴 잠에 들어간다

한라산 가을 안개

낮 술에 홀로 취해서
마구 기우는 마음을 가까스로 추스리고
한라산 가을 안개는 너무 추워
그대 한 쪽 어깨를 빌려옵니다

잠들다 다시 눈뜨면
제자리에서 다시 와와 몰려드는
축축한 안개 속에서
그대마저 안개의 숲으로 숨어버리고
자꾸 흐려지는 슬픔이
새로운 슬픔의 문 앞에서
후두둑 허물어져 내리는
저녁 어스름의 물방울이 됩니다

몰래 내쉬는 한숨 안으로
막막히 내려앉는 이 허망함
차창 뒤로 자꾸 밀리는
안개 때문에
세상으로 내려가는 길이
어둡게 지워지고

아득한 내가
그대 발치에서
억새의 거친 울음으로
몰려가 쓰러집니다

카프카의 연인
― 밀레나

빗속에 맨발로 달려가
죽음 앞에 버려져도
끝없는 불로 부서지지 않는 여인

서늘한 초록색 이끼 가득한
카프카의 무덤 가에 엎드려
그대로 어두운 뒤뜰이 되는 여인

유태인의 홍장을 가슴에 안고
다리를 절면서 가는
머리 깎인 단단한 여인

연인의 품에 안겨보지도 못하고
절망하는 젖가슴이
도드라지게 아름다운 여인

어린 딸보다 더 고약하고
더 잘 울어 아버지의 어린 폭군이던
몰핀보다 위험한 여인

아직도 꿈의 집 한 켠에서
온 창문을 환히 밝히며
말러를 듣고 있는
검은 새틴 드레스의 여인

불이 들어오고
막이 내린 거리에는
프라하의 우수처럼
떨어져 내리는 저녁비에
순환선 열차의 지붕이
슬픔의 완강한 선으로
검고 진하게 젖고 있었다

영목에서

해풍이 몰려오고
사나흘 밤이
잠 없이 지나고 난 뒤
가벼워진 머리로
어선 두어 척 비끄러맨
선창가에서 소주를 마신다

한낮의 더위가 가시고
허물어진 돌담에 앉아
빠르게 불려가는
구름을 바라보며
금이 간 마음을 다스려
혼자 마시는 술에
취기가 오른다

대작도 없이
바다와 마주앉아 마시는
술의 농도 속으로
건성 지나온
지난 여름이

빠르게 가라앉고

속수무책으로
휘청거리는 바다로
내 온몸이 젖어 출렁거린다

서쪽 포구에서

내소사의 밤은
낮게 엎드린
잠 속에서
풀벌레가 울고 있다

장마가 오기 전
옥수수 잎에서 서걱대는
밤바람 소리에는
서쪽 포구에서 불려 오는
눅눅한 그리움의 물소리,
설핏한 꿈의 기슭을 적신다

선운사의 동백이
무섭게 푸른 생명의 습기로
어두울 때

살진 나무의 살 속을 핥으며
무너지는 안개의 숲에서
길을 버린다

손을 내밀면
물방울 같은 공허 속에서
정신이 가벼워지고,
아주 낯설게
산사의 장마를
혼자 견딘다

밤, 도서관

낯선 책들의 미로 속을 간다

밤 아홉시의 도서관
견고한 활자의 바다 위에서
어지럼증으로 서가가 흔들리고

머릿속에서 형광 램프가 꺼지고
아무 책이나 꺼내든다
《성(性)과 속(俗)》
《원형적 상상력》

통로를 찾지 못하는 흔들거림의
한복판으로
낮게 가라앉는
한탄과 비명이
책을 넘기는 소리 속에 가라앉고

원형의 바다 속에
잠영하는 꿈의 일렁거림을
온몸으로 받는다

이제 도서관이 문을 닫을 시간이다

비 탓인가

편의점 앞에
사내 둘이 비를 맞고 서 있다

건너편에 앉아서
커피를 마시며
창 너머를 바라본다

비 탓인가,
우울한 그림으로 사람들이
여행에서 돌아오고
끊임없이 휴대폰으로 연락을 취하는
사내들의 이쪽에서
세상과 통화를 끊고
비의 수신 부호를 받는다

비의 부드러운 수면 위를
가벼워진 맨발로 뛰고 달리는 동안
내 안에서 불이 켜진다

꼼짝할 수도 없는 한기가

여름의 끝으로 한꺼번에 몰려오고

텅 빈 실내가 물에 가라앉는다

어느 겨울 기호

선택하지 않은
긴 시간이 흘러갔다

안경과 긴 손가락의 이미지로
어느 겨울 기호에
그는 갇혀 있다
망각의 칩 속에 저장된 그가
영상의 표면에 떠오른다

교감의 울타리 안에서
사건의 진상은 모두 지워지고
노을 지는 거리의 스산함이
배면에 남아 있다

나는 어디에 있었을까
물에 깊이 잠겨 있던
시간의 이랑 속에서
교신의 물꼬를 찾아
출렁이며 와닿은
해안의 한 끝에서

내가 또 잠시 머물렀다
떠나고 나면

헤어짐 뒤의 막막한 심연이
깊은 망각의 늪 속에서
어느 날 갑자기
한숨으로 기억되겠지

안테나가 망가졌다

어느 날
망가진 안테나를 높이 세웠지만
시끄러운 분노, 증오의 목소리에 가려
수신된 것을 알아들을 수 없다

스위치의 빨간 불빛만 깨어 있는
한밤중에 일어나
나뭇잎 서걱이는 소리에
귀를 예민하게 세워 두었지만
교신이 안 된다

상처가 깊어져도
종일 등만 돌리고
비명에 가득 찬 소리가

우리 사이를 떠도는 동안에도
벽이 너무 두터워
잡히는 것이 없는
내 안테나는
불감증의 도시에서
키만 커버린다

5
차갑고도 따스한 기억

편지는 수취 거절이 되어 돌아오고

환기가 안 된 내부가

녹이 슨 창문 앞에서

더 빠르게 녹이 슬어

윤기를 잃어간다

-게으른 독백

풀꽃을 위하여

최루탄 가스와 구호와 노동 쟁의와 현수막에 길들여진
계절의 한복판에서 초록빛 이름 가득한
시집을 읽는다

각시붓꽃, 미나리아재비, 엉겅퀴, 개비름……

채마밭에서, 두엄더미에서, 섬돌 아래서
참 많기도 한 이름
아무도 일러주지 않고 외워라 하지 않아도
싱싱한 풀꽃은 절로 소슬한 바람이 되어
나는 없고 이 시대의 전체 속에 파묻힌
나약한 추상을 갈대처럼 흔들어댄다

빛깔 고운 모본단, 유똥, 포플린 천조각을
끼워두던 작고 순하던 그리움처럼
풀꽃의 이름들 하나 둘 되뇌어보면

아무래도 먼 들길로
한데 어울어진 푸른 실핏줄의 아침은
오염된 거친 들판을 질러 힘겹게 온다

차갑고도 따스한 기억

아주 낯설게
과거의 그를 만났다

약간 비스듬히 기울어진 그는
창백한 이마로
내게 건너왔지만
나는 조금도 어두워지지 않았다

온도가 올라가지 않아
차가워진 손 끝으로
만져본 그는
가늘게 금이 가 있었다

시간의 감옥에
그를 묻어버리고
냉담하게 등을 보이며
각자 길을 건넌다

차갑고도 따스한 인파 속으로
아슴히 그가 지워지고

신호등이 빠르게 바뀐다

정신의 기울기

내가 그리는 인물 속에는
오른쪽을 바라보는 얼굴이 없다

오른손잡이가 그리는 그림에는
항상 왼쪽이 취약지구다
늘 같은 각도에 고정되어 있는
나의 시선이 문제다

오른쪽 뺨이 지닌 표정을 잘 모르겠다
정면으로 거울을 들여다보고도
잠시 되뇌어야만 양쪽이 확인된다

오른쪽이 비어 있는,
왼쪽이 항상 더 무거운
정신의 기울어짐이
마음에 걸려
그만큼 기울어져 기우뚱대는
텅 빈 관절의 아픔을 호소하지만
치유할 수가 없다

아무도 모르는
오른쪽의 비어 있음을 감추려고
더 무거워진 장식으로
비뚤어진 나를 되돌리는 일은
서툴고 낯설다

지등(紙燈) 아래

비에 갇힌 봄 한복판을 질러
낮은 연꽃 지등 아래로
거리의 차량이 밀리고 있다

등이 굽은 이 도시의 낮은 포복을
아리게 슬픈 빛으로 적시며 내려다보는
비로자나의 그윽한 눈빛

빈자(貧者)의 등불 하나
빗물에 점화되어
그렁그렁 불씨를 옮겨간다

찬 유리창에 머리를 기대는
노곤한 봄꿈의 이마를 짚으며
점점이 흘러가는 물길

난폭한 문명의 옹이마저
따스한 화해의 밀물로
가볍게 흔들며
초파일 지등 밑으로

비는 낮게 흘러가고 있다

운주사 미륵

온통 젖은 풀들의 서걱거림
긴 장마 끝에 와 있었다

쏴아쏴아 바람을 썰고
흐린 하늘을 밀쳐내며
함께 가자고
몸부림을 치는
푸른 아우성만 골짜기에 그득했다

기울어진 요사채의 마루 끝으로
얼굴이 지워진
장길산을 불러내어
목이 잘린 미륵 곁에서
맨 소주를 다 비워도
더 환하게 밝아지는 마음

천불을 세워 가리라던
미륵 세계의 꿈이
물결치며 넘실대는
중장터 골짜기 어귀에서

숨이 막혀,
발이 묶인 여름 몸살이
오한에 떨 때
붉게 농익은 자두 서너 알
함께 떨며
미륵의 잠 속으로
성큼 다가서고 있었다

스무 살의 여행

배낭을 짊어지고
대합실 간이의자에 기대어
잠이 들던
내 스무 살 여행은
캄캄한 어둠에 묻혀 있다

달빛의 푸른 인화지 속에는
늘 떠나는 기차의 밝은 유리창 너머로
익명의 얼굴들이 빠르게 지나가고

깃털처럼 가벼운
몽상에 잠긴 풍경들이
길게 드리운 나무의 그늘 속으로
재빠르게 모습을 감추었다,
다시 드러나는 순간마다
조금씩 얼룩진 일기장을 넘긴다

바싹 메마른 바람의
향기 속에서
산산이 부서져 지워진

이정표를 고쳐 세우고,
내가 내린
바람의 간이역에는
등 굽은 노파들만
빛 바랜 화폭의 목책에 기대어
끝간 데 없는
그리움을 좇고 있다

게으른 독백

파 한 단의 가벼움을 썰어
식은 한나절의 무료를 데우는 오후

신문지에 싸인 쇠고기의
검붉은 살덩어리에 붙은
젖은 광고문안은 무심하다

타일과 타일 사이의 푸른 곰팡이를
꼼꼼히 닦아내던 아침 노동이
비눗물의 미끄러움으로
나를 저버리는
내란의 어지러움을 견디며
게으르게 식탁을 차린다

편지는 수취 거절이 되어 돌아오고
환기가 안 된 내부가
녹이 슨 창문 앞에서
더 빠르게 녹이 슬어
윤기를 잃어간다

우리 읍내
― 화순이

제민천 옆
기름집 아이에게선
고소한 들깻묵 내가 났다

녹슨 함석문을 밀면
컴컴한 그늘 속에서
덜컹거리며 오르내리던
광물질의 반지르르한 기계소리에
유난히 목소리도 눈도 컸던 화순이

방앗간 곁을 지날 때면
참기름의 고소함에 섞여
허기증처럼 몰려오는 그리움 속에는
찰랑이며 고무줄 뛰는
아이들의 풋내나는 웃음이 있다

산욕 일기

차디찬 알코올의 감촉 속에
살이 흩어져
바람결엔 듯 뼈가 풍화되어
정신의 군더더기
모두 빠진 후,
햇살의 가벼움으로
아이는 내게로 왔다

폭죽을 사방에 터트리며
온통 눈시린 찬란함으로
살풋 와 안긴
여린 살갗에 데어
왈칵 눈물나는 산욕의 첫날

전생의 역을 막 돌아와
이제 쉬고 있는
단잠의 고른 숨소리
스쳐온 생애의 어느 역사에서
가득 흔들리던
풀꽃으로

갓 지은 햇솜 포대기에
내 잠의 손목을 끌고 있었다

성산포에 가면

돌연
내게 눈물 가득한
침묵을 강요하던
새벽 제주 바다를 기억하나요

단단한 고리를 풀어주려고
손을 내밀며
뛰쳐나와
숨 막히지 않아
겁쟁이,
괜찮아,
무서워 말아

바다가 새벽 졸음에
겨워 있을 때
해안 도로를 구비 돌며
자꾸 따라오던 생철 조각의
그믐달을 보았나요

풀어헤쳐진 가슴을

자꾸 여미는 이 서툰 이완도
슬쩍 눈감아주던 손길에
봇물 터지듯 넘치는 내란의 물굽이

성산포에 닿으면
깨리라던 간밤의 술이
더 환히 오르는 일출의 바다에
비로소 가볍게 자유로운 내가
한숨으로 한 발
가까워지던 것을
이제야 고백합니다

목책에 기대어

늘 따라다니는 한기의 그 서늘한
오한 속에 그를 데리고 떠난다

떠나는 게 힘들지는 않아요
서툰 낯설음에 잠시 손을 맡기면
그대 완강한 어깨가
아주 가벼운 따스함으로 흘러가요

모두 잎을 버린
낮은 잎 갈이 나무들이
억새의 흐린 머리 속에서
함께 섞여 있을 때
나도 낮아져 가장 평온한
저녁에 서 있어요

젖은 돌담들이
낮게 울타리를 이루는 사이사이로
나타났다 사라지는 바다에
앞을 가로막던 높이가 사라지고

나는 친화의 물굽이 속에서
그의 발부리를
조금씩 적셔간다

직지사의 봄

깨끗하고 단아한 봄은
산사의 물소리에 와 있었다

비로전 문 창살의 문양이
흐린 봄 이내의
젖은 숨결 아래
가득 풀릴 때

이름을 알 수 없는
꽃나무 앞에서
아픔조차 잊어버리는
황홀한 나들이

산벚꽃 벙그는
요사채 앞뜰에서
경 읽는 소리보다 더 낮은 곳으로
흘러드는 물소리에
내 눈이 맑아져

더 투명한 안이

화안히 산문을 지나
절골 가는 길을
열어가고 있었다

■해설

수채화의 채색 공간과 불특정 다수를 향한 발신

김용범(시인)

1

 시를 읽는 즐거움의 하나는 일상 언어의 찌든 때를 말끔하게 벗은 신선한 표현을 시 속에서 발견하는 기쁨이다. 주제니 사상이니 하는 것들에 집착하는 사람들은 시를 통해 무엇인가 심오함을 찾으려 할지 모르나, 그 심오함 자체에 집착하다 보면 시 자체를 대작화(大作化)하려는 속절없는 욕심으로 번지기 쉽다. 말하자면 시인 자신이 스스로 무슨 선지자인 양 하거나 이 시대의 번민을 온통 자기가 안고 있는 듯한 허세를 보이게 된다.
 김용옥의 시에는 허세가 없다. 그가 표현하는 시편에는 억지로 무엇인가에 의미를 붙여보려는 작위성이 없어 더욱 즐겁다.
 마치 수채화 한 폭 같은 투명한 서정성이 그의 시를 사랑하는 사람들에게 기쁨을 준다.

　　내가 그리는 인물 속에는
　　오른쪽을 바라보는 얼굴이 없다

　　오른손잡이가 그리는 그림에는
　　항상 왼쪽이 취약지구다
　　늘 같은 각도에 고정되어 있는
　　나의 시선이 문제다
　　　　　　　　　〈정신의 기울기〉 부분

 한 예로 들어본 시인데 여기서 우리는 취약지구라는 단어가 갑자기 시 속으로 튀어 들어와 새로운 의미로 사용되고 있음을 본다. 군사용어로 더 잘 알려진 이 단어가 불쑥 그녀의 시 속에 들어와 새로운 의미를 만들고 있다. 즐거운 발견이다. 바로 이 점이 김용옥의 시가 가지는 반짝이는 특징이다. 웃을 때마다 가끔씩 드러나는 덧니 같은 표현들이 그의 시 속에 동원된 어휘군들을 빛나게 한다.
 그리고 김용옥을 김용옥답게 인식하게 하는 것은 작은 액자 속에 담겨진 풍경들이 우리에게 주는 매력이다. 그것은 마치 단편소설의 배경 만들기 기법과 유사한데 인유의 기법을 사용하여 지소명(地所名) 하나만으로 시 속에 이입시키는 배경은 놀라울 정도로 정교하고 치밀하다.

    제민천 옆
    기름집 아이에게선
    고소한 들깻묵 내가 났다

    녹슨 함석문을 밀면
    컴컴한 그늘 속에서
    덜컹거리며 오르내리던
    광물질의 반지르르한 기계소리에
    유난히 목소리도 눈도 컸던 화순이

    방앗간 곁을 지날 때면
    참기름의 고소함에 섞여
    허기증처럼 몰려오는 그리움 속에는
    찰랑이며 고무줄 뛰는
    아이들의 풋내나는 웃음이 있다
                      〈우리 읍내〉 전문

'화순이'란 부제를 달고 있는 이 시는 김용옥의 수채화가 얼마나 정교하고 치밀한가를 보여준다. 여기에서 제민천이나 화순이는 이미 개인의 기억 속에서 풀려나 보통명사로 환치되어 있다. 들깻묵 내라는 단어와 함석문, 참기름, 고무줄 놀이, 이런 소도구들이 각각 충돌하여 무수한 이야기를 생산한다. 언어의 미립자운동이 시작되는 것이다.

한 개인의 기억이 상상력을 통해 복제되었을 때 다른 사람들은 그 기억에 공감하기가 어렵다. 왜냐하면 개인의 특수한 경험이 반영되어 있기 때문이다. 그러나 김용옥의 시는 개인의 특수한 개념을 보편적인 유년의 기억으로 보여준다. 마치 낡은 흑백사진을 꺼내 천연색 사진으로 환치시켜주는 듯하다. 이 작품은 소품이지만 그 한 장의 스틸에서 야기되는 무수한 이야기는 독자들에게 자신의 기억상자를 자극시켜 김용옥의 이야기가 아닌 자신의 기억으로 바꿔준다.

영산강 하구 둑을 달리고
금호 방조제를 달려
가 닿은 진도의 겨울
배추밭 파밭이 서로 엇갈려
시퍼렇게 이어지는 등성이 너머로
다가왔다 멀어지는
해안선과 흐린 공제선(空除線)에 걸린
낮은 잡목림

빨간 등대
여느 바다처럼 떠 있는 서망의 늦은 오후
진돗개 순하게 꼬리를 흔들며

길손을 따라오는 바닷가에서
홍주(紅酒) 한 잔의 낮술에 취해서

그만 내가 놓쳐버린
일상의 얼레 끝에서
위태롭게 흔들리는
여정의 마지막 밤

섬으로 스며들어
흔적을 지워버린
유배된 사랑을 꿈꾸어봅니다
〈진도 홍주(紅酒)〉 전문

'편지 28'이란 부제를 달고 있는 이 시 역시 우리들에게 마지막 연의 '섬으로 스며들어 / 흔적을 지워버린 / 유배된 사랑을 꿈꾸어봅니다'라는 시인 자신의 목소리를 제외한다면 그가 언어라는 목탄으로 그려내는 풍경은 앞의 〈우리 읍내〉에서 보여주던 정교하고 치밀한 소묘 그대로이다. 거실의 어디엔가 걸려 있을 듯한 액자 속 풍경. 이런 기법은 김용옥의 시만이 지니고 있는 개성이다. 분석적으로 시를 보는 이들은 그저 지나치겠지만 우리들처럼 시를 즐겁게 읽는 독자들의 입장에서 김용옥의 시는 우리를 그가 설정하고 있거나 재현해놓은 가상공간 속으로 빨려들어가게 한다.

2

 김용옥의 시는 단아하다. 요설(饒舌)이 없이 정제된 그의 시는 형식적 아름다움에서 단연 빛난다. 시를 읽을 때 우리가 스쳐지나가기 쉬운 부분이 연과 행갈이이다. 연과 행을 가르는 기본적인 방식은 너무나 기본적이라 간과하기 쉬운 부분이다. 그리고 일부러 이러한 행갈이를 부정하는 방식도 있다. 김용옥의 시가 단아하다는 느낌을 주는 이유 중에 하나는 행갈이를 통해 그가 만들어내는 경쾌한 내재율이다. 자칫 진술처럼 보일 이미지들이 그의 면도날 같은 행갈이 기법을 통해 드러나면 행과 행 사이에 우리는 당돌한 분절을 만난다.

 밀폐된 아싸 노래방에서
 나의 18번은 언제나
 흘러간 뽕짝이다

 간이 주점에서
 레몬 소주로
 혈중 농도를 높이고 나면
 내 목이 그제야 헐거워진다

 백조도 아니면서
 백조처럼 늘 우아한

깃털을 고집해야 하는
미운 오리의 뒤숭숭한 속내를
아으아으 풀어내는

〈추억의 울먹임으로〉 부분

이 시에서 우리는 김용옥의 당돌한 분절과 만난다.
 '백조도 아니면서 / 백조처럼 늘 우아한 / 깃털을 고집해야 하는 / 미운 오리의 뒤숭숭한 속내를 / 아으아으 풀어내는' 일반적인 시의 행갈이를 본다면 이 시는 '백조도 아니면서 백조처럼 / 늘 우아한 깃털을 / 고집해야 하는 / 미운 오리의 / 뒤숭숭한 속내를 / 아으아으 풀어내는' 이라야 옳다.

그러나 그는 '우아한, 하는, 속내를, 풀어내는' 으로 분절시키고 있다. 이런 분절은 뒤따라오는 '깃털을, 미운 오리의, 아으아으' 라는 연결과 의미 단절을 시킨다. 그럼에도 불구하고 그가 사용하는 행갈이는 일상적 의미의 연결 개념을 여지없이 파괴하고 있다.

이것이 한 유형이라면 또 다른 면을 보자.

편의점 앞에
사내 둘이 비를 맞고 서 있다

건너편에 앉아서
커피를 마시며

창 너머를 바라본다

비 탓인가,
우울한 그림으로 사람들이
여행에서 돌아오고
끊임없이 휴대폰으로 연락을 취하는
사내들의 이쪽에서
세상과 통화를 끊고
비의 수신 부호를 받는다

비의 부드러운 수면 위를
가벼워진 맨발로 뛰고 달리는 동안
내 안에서 불이 켜진다

꼼짝할 수도 없는 한기가
여름의 끝으로 한꺼번에 몰려오고

텅 빈 실내가 물에 가라앉는다
〈비 탓인가〉 전문

해풍이 몰려오고
사나흘 밤이
잠 없이 지나고 난 뒤
가벼워진 머리로

어선 두어 척 비끄러맨
선창가에서 소주를 마신다

한낮의 더위가 가시고
허물어진 돌담에 앉아
빠르게 불려가는
구름을 바라보며
금이 간 마음을 다스려
혼자 마시는 술에
취기가 오른다

대작도 없이
바다와 마주앉아 마시는
술의 농도 속으로
건성 지나온
지난 여름이
빠르게 가라앉고

속수무책으로
휘청거리는 바다로
내 온몸이 젖어 출렁거린다

〈영목에서〉 전문

앞의 예시한 시와 달리 이 두 편의 시는 행갈이의 정공

법을 사용하고 있다. 한 연은 그가 떠올린 이미지의 한 덩이를 이루고 그 속에서 잘 정돈된 시행이 유성음마디로 행이 갈려지며 이를 통해 사람들에게 리듬을 느끼게 한다는 가히 정석에 가까운 시 행갈이 방식을 택하고 있다.

김용옥은 정석에 가까운 행갈이와 당돌한 분절 두 기법을 자유롭게 사용하는 시인이다. 그리하여 그의 시가 의미 전달이 아닌 시 본래의 기능인 음악성의 기반 위에서 쓰여지고 있음을 재확인해준다. 행갈이는 일종의 음악성을 내포하고 있는 형식이다. 그런데 우리는 흔히 델로포에야의 기본적인 개념을 무시한 채 외양적 형식으로 이해하곤 한다. 이는 시가 낭송되지 않고 묵독되는 데서 비롯된 것이다. 양날 칼을 사용하는 숙수(熟手)거나 오른손과 왼손을 같이 쓸 줄 아는 시인, 우리 시대에 드물게 만날 수 있는 시인이 바로 김용옥이라 할 수 있다.

3

김용옥의 이번 시집에서 가장 압권은 편지 연작이다. 앞서 살펴본 것은 그간 김용옥이 한결같이 추구해오던 그의 개성이며 그만의 메소드였다면 이번 시집은 바로 편지라는 연작을 통해 그가 독자들에게 보내는 메시지를 읽음으로써 본의에 접근할 수 있다.

그러나 연작시 편지가 편지투의 시가 아님을 읽는 사

람들은 분명하게 알아차릴 수 있으며, 그 시는 편지라는 것의 의미를 수용하는 형식이란 점이 드러난다. 그러나 이 시들은 독자라는 불특정 다수를 향해 띄우는 김용옥 시인의 발신이다. 편지란 지정수취인이 있는 전달양식이다. 우리는 이 연작시들이 정밀하게 의도된 커뮤니케이션 이론에 바탕을 하고 있다는 말로 이해할 수 있다. 정보화 사회의 통신수단은 쌍방향 커뮤니케이션이다. 그럼에도 불구하고 편지라는 형식을 택한 이유를 찾아보자.

    PC 통신 해보셨나요
    익명으로 올리는 사랑의 메시지
    슬쩍 한번 올려보셨나요

    나도 그대를 사랑합니다
    존재의 가벼움으로 나부끼듯
    쉽게 지워졌다 다시금 재생되는
    사랑의 감정은 그렇게 연속적입니다

    당신만을……이라는
    사랑의 감옥 속에 그대를 그냥 놔둔 채로
    자판 위에서 사랑의 게임을 즐깁니다

    조금 가까이 가면
    뒤로 몇 발짝 물러서는

진짜가 가짜가 되는
그림자의 투사 속에는
내가 빌려온 ID 숫자가
사랑을 합니다

누구나 들어오시지요
들춰보기도 하고 훔쳐볼 수도 있는
문구멍 사랑의 스릴로
용서되지 않았던 사랑도 놓아주세요

차가운 매체의
뜨거운 사랑으로
달구어진 모니터 위로
상상 속의 그대는
더 관능적인 포즈로
사랑을 즐기고

나는 더 이상
사랑의 상처 따위로
잠 못 드는 밤을
보내지는 않겠어요

〈ID 사랑〉 전문

아직 한 번도

전화번호를 기억하며
다이얼을 돌린 적이 없다

전화번호를 몇 번씩이나 확인하고도
늘 서투른 전화 부스 안에서
밀폐된 그의 목소리를
건져올린다는 것은 당혹스럽다

(중략)

자동화 시대에
아직 수동적인 사랑을
꿈꾸는 나는
전화번호를 구겨버리고
부스를 나온다

차가운 빗방울 떨어지는
거리 밖에서
차라리 그가 돌아오길
밤새 기다리기로 한다
〈수동적인 사랑을 꿈꾸는 이〉 부분

이 두 편의 시는 김용옥 시인이 가지고 있는 극명하게 대립되는 정보화 사회의 인식을 반영한다. 자동화 시대에 수동적일 수밖에 없는 나라는 자아와 익명성으로 쌍방 교신하는 이 시대의 사랑. 이니셜과 익명으로 대표되는 통신의 가상현실과 그 속에서 함몰되어 있는 새로운 사랑 방식. 채팅, 접속으로 이어지는 이즈음의 사랑을 그는 '차가운 매체의 뜨거운 사랑'으로 표현하고 있다.

그러나 그의 본 모습은 '자동화 시대에 / 아직 수동적인 사랑을 / 꿈꾸는 나는 / 전화번호를 구겨버리고 / 부스를 나온다 // 차가운 빗방울 떨어지는 / 거리 밖에서 / 차라리 그가 돌아오길 / 밤새 기다리기로 한다'라고 확인하고 있다. 말하자면 이 시대의 가치관, 삶의 양태에 대한 그의 사고를 대표하는 작품들이다. 편지라는 형식을 채용함으로써 시인 김용옥은 이전 세대의 따뜻한 감성과 시인과 독자라는 관계의 회복을 꿈꾼다.

불특정 다수를 향해 그는 자신이 일관하고 있던 시를 발신한다. 그렇다면 그의 시를 읽는 사람은 바로 수신자이다. 그가 의도했던 형식은 바로 편지라는 감성적 의사소통 수단을 통한 그리움과 꿈의 회복이다.

편지 연작에 실린 시들은 시인 김용옥의 시와 전혀 다를 바 없는 일관된 작품들이다.

> 당신이 그린 붉은 엉겅퀴
> 개방산 1500 고도에서
> 더 붉은 꽃술로
> 벌들을 부르고 있습니다

밤꽃 내 가득한 강가를 달려
푸릇한 어스름 냇가에서
모래무지, 기름챙이
엎드린 잠 곁에 갑니다

임진강 가의 들꽃,
나팔꽃 여린 덩굴을 올려주던
섬세한 손으로
내 손목 잡고

(중략)

마주앉은
우리 동행의 하룻밤은

미열에 들뜬 그리움으로
물살이 더 깊어져
캄캄한 그믐밤에
우리가 세상 밖에
벗어두고 온 신발이
아주 낯선 문 앞에
나란히 놓여 있습니다

〈엉겅퀴〉 부분

김용옥의 정교하고 치밀한 배경 인유와 음악성을 동반하고 있는 특유의 행갈이, 자연 친화적인 감성적 시선, 억지를 부리거나 작위적으로 선택하지 않는 시어, 빼어난 수채화 한 폭이 편지라는 전파 형식에 담겨 있다. 바로 그것은 이 연작시들이 거시적 현실 인식에서 확인된 이 시대의 패러다임을 그가 완전하게 활용하여 세상의 모든 이들에게 보내는 메시지이다.

　나는 너무 좋은 수신자를 만났어요

　한동안 말을 건네도
　아무도 내 말을 들어주지 않는 세상에서
　내 독백까지를 들어줄 수 있는
　오직 한 사람의 수신자를 만났어요

　우리는 눈빛으로 수신을 합니다
　어제의 상처 때문에 어두웠던 그늘을
　백주의 대낮에 들춰보이며
　웃을 수 있는 비밀스런 은신처를 보일 수 있는
　친절한 채널을 가지게 되었어요

　감추어둔 틀 속에서
　늘 뛰쳐나가고 싶었던 자유로움으로
　나를 해체합니다

나를 가지세요
바람처럼 놓여나
어긋난 세상의 비틀거림을 전부 껴안고
힘들어하는 나의 단단한 고통을 가지세요

고통의 신음까지를 들어줄 수 있는
나의 단 한 사람 수신자에게
오늘 밤 온몸으로 가겠습니다
　　　　　　　　〈한 사람의 수신자〉 전문

　편지 연작 19번인 〈한 사람의 수신자〉란 시는 바로 김용옥 시인이 이 연작시의 메인 테마를 의사 소통, 전달 체계, 전파 방식과 같은 논리적 틀에서 인식하고 있었음을 보여주는 선례이다.

　　나는 너무 좋은 수신자를 만났어요

　　한동안 말을 건네도
　　아무도 내 말을 들어주지 않는 세상에서
　　내 독백까지를 들어줄 수 있는
　　오직 한 사람의 수신자를 만났어요

　이러한 그의 독백은 바로 교감, 따뜻한 정을 나눌 수 있는 상대에 대한 갈망을 표현하고 있는 것이다. 차가운 매체를 거부하고 감성적 매체를 택한 그의 의도는 익명성으로 대표되는 오늘날의 상징성을 간파한 것이다. 시인은 어느 시대에나 감성적인 사람들이다. 그가 가진 창조적 상상력과 감성, 이것은 산업 시대나 후기산업 시대나 정보화 시대나 시대적 조류와 관련 없이 존중되어져야 할 가치이다.

통신문학이니 멀티미디어 시대의 하이퍼 텍스트 시니 하면서 새로운 시대의 첨단을 걷는 듯한 허세의 문학이 범람하고, 스스로 이 시대에 적응할 수 없어 정신주의니 동양적 사유, 선의 세계 운운하며 번역본 한시나 뒤적이며 소재 찾기에 여념 없는 이 시대의 시인들에게 김용옥 시인이 던지는 잔잔한 메시지. 우리 시의 가장 성실한 수신자인 이 시대의 시인들 불특정 다수를 향해 발신하는 김용옥의 시편들은 그런 의미에서 더욱 값어치가 있는 것이다.

그리움을 채우는 기억

첫판 1쇄 펴낸날 · 1998년 1월 17일

지은이 · 김용옥
펴낸이 · 김혜경
편집주간 · 김학원
기획실 · 김수진 조영희
편집부 · 한예원 김선경 임미영
디자인 · 김진
영업부 · 이동흔 엄현진
제　작 · 김영희
관리부 · 권혁관 임옥희 우지숙

펴낸곳 · 도서출판 푸른숲
출판등록 · 1988년 9월 24일 제 11-27호
주소 · 서울시 서대문구 충정로 3가 270
　　　푸른숲 빌딩 4층, 우편번호 120-013
전화 · (기획실) 362-4457~8 (편집부) 364-8666
　　　(영업부) 364-7871~3
팩시밀리 · 364-7874

ⓒ 김용옥, 1998

값 5,000원
ISBN 89-7184-184-2　03810

* 잘못된 책은 바꾸어 드립니다.
* 저자와의 협약에 의해 인지는 생략합니다.

우 편 엽 서

보내는 사람 :

이름

생년월일　생별 남☐ 여☐
　　　　　(만　세) 미혼☐ 기혼☐

직업　전화

주소

☐☐☐-☐☐☐

우편요금
수취인 부담

발송유효기간
1997.1.1~1998.12.31
서대문우체국 승인
제168호

도서 출판 푸른숲

서울 서대문구 충정로 3가 270번지 푸른숲빌딩4층
전화 364-7871~3   팩시밀리 364-7874

1 2 0 - 0 1 3

독자카드

도서출판 푸른숲은 늘 많고 아름다우며 오랜 감동으로 남을 책을 펴내고자 노력합니다. 아래의 문항에 답하신 후 우체통에 넣어주시면 푸른숲 독자회원으로 등록되며 이 자료는 좋은 책을 펴내는 소중한 밑거름으로 쓰여집니다. 푸른숲의 독자가 되신 것을 진심으로 환영합니다.

회원 가입여부 : 기존 회원 ☐ 신규 회원 ☐

구입하신 책 이름 :

구입하신 곳 : ☐ 있는 서점

이 책을 구입하게 된 동기 :
- 주위의 권유로 ☐ → ┌ 도서 대여점에서 / 도부터 선물받음
                    └
- 광고를 보고 ☐ → ┌ 신문이나 잡지 이름 :
                  ├ 라디오나 TV 프로 이름 :
                  └ 지하철이나 기타 :
- 신간안내나 서평을 보고 ☐ → ┌ 신문이나 잡지 이름 :
                              ├ 라디오나 TV 프로 이름 :
                              └ 푸른숲 홍보물 :
  서평을 본 매체 ┌ 시브나 기타 :
                 ├ 푸른숲 홍보물 :
                 └

- 서점에서 우연히 (☐ 제목 ☐ 표지 ☐ 내용이 눈에 띄어서
- 이미 (☐ 작가 ☐ 푸른숲)을 알고 있어서

이 책을 읽고 난 느낌
- 시 ☐ 에세이 ☐ 좋아있는 읽을거리 ☐ 국내소설
- 외국 번역소설 ☐ 교양상식 ☐ 역사 ☐ 철학
- 실용 ☐ 기타 (   )

- 내용이 기대만큼
- 제목이
- 표지가
- 책값이

☐ 맞추 ☐ 보통이다 ☐ 볼만이다
☐ 좋다 ☐ 보통이다 ☐ 나쁘다
☐ 보통이다 ☐ 나쁘다
☐ 비싸다 ☐ 알맞다 ☐ 싼 편이다

즐겨 읽는 책의 분야

구독하고 있는 신문, 잡지 이름

즐겨 듣는 라디오 프로그램   TV 프로그램

최근에 읽은 책 중 가장 기억에 남는 책이나 푸른숲에 바라고 싶은 의견
책 이름 :
출판사 이름 :

구입하신 푸른숲의 책을 읽고 난 소감이나 푸른숲에 바라고 싶은 의견을 보내드리겠습니다. 주소가 변경될 때에는 전화나 우편으로 미리 알려주십시오.

도서출판 **푸른숲** TEL.364-7871~3